SÜSSES GANZ OHNE REUE

**Warum Low-Carb-Backen und was ist das eigentlich? Kurze Antwort:
Beim Low-Carb-Prinzip geht es um die Reduzierung von Kohlenhydraten auf dem Teller.**

WARUM AUF KOHLENHYDRATE VERZICHTEN?

Warum aber sind leicht verwertbare Kohlenhydrate eigentlich so schlimm? Essen wir Kohlenhydrate aus Zucker oder Weißmehl, steigt der Blutzuckerspiegel rasant an, der Körper produziert für den Abbau reichlich Insulin, das auch als »Dickmacherhormon« bekannt ist, und sorgt für verstärkte Fetteinlagerung in den Zellen – nerviges Hüftgold. Ein niedriger Insulinspiegel ist also erstrebenswert, denn er hilft dabei, unliebsame Pölsterchen abzubauen. Das heißt zum Glück aber nicht, dass Sie auf den Genuss von Kuchen oder Brot ganz verzichten müssen, wenn Sie bei der Zubereitung möglichst wenige Kohlenhydrate verwenden. Die gute Nachricht: Mit den entsprechenden Rezepten können Sie ganz einfach leckere Kuchen, Kekse und Muffins backen – und genießen.

BACKEN FAST OHNE KOHLENHYDRATE

Sicherlich ist es erst einmal ungewohnt, Kuchen, Kekse oder Brot ohne die üblichen Zutaten wie Kristallzucker, Weizenmehl und besonders stärkereichem Obst zu backen. Es ist aber möglich, wenn man neue Wege geht – mit ganz geringen Einschränkungen: Einiges, was Sie über das Backen wissen, lässt sich auf die Low-Carb-Zubereitung nicht übertragen. Die Backergebnisse überzeugen jedoch auf jeden Fall. Und Sie werden erstaunt sein, wie unglaublich süß, raffiniert und lecker zum Beispiel Brownies oder ein Käsekuchen aus der Low-Carb-Backstube schmecken.

WAS IST LOW CARB?

Das Kürzel Carb kommt vom englischen Wort für Kohlenhydrate »Carbohydrate« und dessen Kurzform »Carbs«. Idealerweise sollten auf dem Speiseplan nicht mehr als 30 % der Kalorien aus Kohlenhydraten bestehen. Tschüss Zucker, Süßigkeiten, Brot, Weißmehlprodukte wie Kuchen, Nudeln und Co. Klingt vielleicht schwierig, ist es aber eigentlich nicht, wenn man das Prinzip erst einmal verinnerlicht hat und die Alternativen kennt. Dann weiß man ganz schnell, was auf den Teller darf.

LOW CARB
BACKEN

Kuchenfreude ohne Reue

Autorinnen: Stefanie Nickel & Anna Walz | Fotos: Vivi D'Angelo

DIE GU-QUALITÄTS-GARANTIE

Wir möchten Ihnen mit den Informationen und Anregungen in diesem Buch das Leben erleichtern und Sie inspirieren, Neues auszuprobieren. Bei jedem unserer Bücher achten wir auf Aktualität und stellen höchste Ansprüche an Inhalt, Optik und Ausstattung. Alle Rezepte und Informationen werden von unseren Autoren gewissenhaft erstellt und von unseren Redakteuren sorgfältig ausgewählt und mehrfach geprüft. Deshalb bieten wir Ihnen eine 100 %ige Qualitätsgarantie.

Darauf können Sie sich verlassen:
Wir legen Wert darauf, dass unsere Kochbücher zuverlässig und inspirierend zugleich sind. Wir garantieren:
• dreifach getestete Rezepte
• sicheres Gelingen durch Schritt-für-Schritt-Anleitungen und viele nützliche Tipps
• eine authentische Rezept-Fotografie

Wir möchten für Sie immer besser werden:
Sollten wir mit diesem Buch Ihre Erwartungen nicht erfüllen, lassen Sie es uns bitte wissen! Wir tauschen Ihr Buch jederzeit gegen ein gleichwertiges zum gleichen oder ähnlichen Thema um. Nehmen Sie einfach Kontakt zu unserem Leserservice auf. Die Kontaktdaten unseres Leserservice finden Sie am Ende dieses Buches.

GRÄFE UND UNZER VERLAG
Der erste Ratgeberverlag – seit 1722.

INHALT

TIPPS UND EXTRAS

Umschlagklappe vorne:
Low-Carb-Basics

Umschlagklappe hinten:
Tipps & Tricks
Einer für alle

8 GROSSARTIGKEITEN

COVER-REZEPT

GESCHMACKSERLEBNIS

Der Low-Carb-Mehlersatz aus Mandeln, Soja, Leinsamen oder Kokos ist zwar im Geschmack nicht so
zurückhaltend wie Weizenmehl, aber das hat
durchaus seinen Reiz: Der Eigengeschmack macht
das Backergebnis intensiver und interessanter.
Jedoch enthalten diese Mehle kein oder nur sehr
wenig Klebereiweiß, das für die Bindung und
Konsistenz benötigt wird. Deshalb haben in der
Low-Carb-Backstube Eier und Bindemittel wie
Eiweißpulver, Johannisbrot- oder Guarkernmehl
große Bedeutung. Sie machen die Leckereien
schön locker und fluffig. Mischt man die Mehle, er-
gänzen sich deren positive Eigenschaften. Zucker
lässt sich dagegen deutlich einfacher ersetzen.
Meist werden zum Backen Birkenzucker (Xylit) und
Erythritol verwendet. Beide Zuckeraustauschstoffe
werden aus natürlichen Rohstoffen gewonnen und
enthalten deutlich weniger Kalorien als Zucker. Ein
weiterer Vorteil: Aussehen und Verwendung ent-
sprechen in etwa dem gewohnten Haushaltzucker.
Ihre Süßkraft ist zwar unterschiedlich, doch das
lässt sich kompensieren. Da jeder Mensch ein
eigenes Süßempfinden hat, gilt es die richtige
Menge durch Ausprobieren zu finden. Aufgepasst:
Birkenzucker (Xylit) und Erythritol lösen sich nicht
so leicht wie Zucker, deshalb müssen Butter und
Eier etwas länger und kräftiger damit aufgeschlagen werden. Das ist aber ohnehin gut fürs Volumen
und die fluffige Konsistenz der Kuchen. Bei Schokolade und Früchten ist der Zuckergehalt entschei-
dend. Wenig Zucker hat Schokolade mit hohem
Kakaoanteil (mind. 80 %). Sie schmeckt zwar ein
bisschen herb, doch wegen des intensiven Ge-
schmacks braucht man auch viel weniger davon.
Früchte mit viel Fruchtzucker wie zum Beispiel
Weintrauben, Bananen oder Trockenfrüchte sollten Sie lieber sparsam verwenden.

GUT ZU WISSEN

Low-Carb-Kuchen sind eher weich und locker. Was
viele Low-Carb-Backanfänger oft irritiert: Direkt
nach dem Backen sind diese Backerzeugnisse
häufig noch feucht und wirken etwas roh. Das gibt
sich aber fast immer mit dem Auskühlen. Unge-
wöhnlich lang scheint auch die eine oder andere
Backzeit, aber die Kuchen, egal wie klein oder groß
sie sind, müssen einfach ein bisschen länger im
Ofen bleiben als herkömmliches Backwerk. Und
die beste Nachricht zum Schluss: Low-Carb-Back-
zutaten bekommen Sie im Reformhaus und im Bio-
laden – aber auch viele Supermärkte haben sich
inzwischen auf die gestiegene Nachfrage nach
Low-Carb-Produkten eingestellt. So finden Sie Zuckeraustauschstoffe und Low-Carb-Mehle schon
in vielen gut sortierten Supermärkten. Der Trend
ist praktisch nicht mehr aufzuhalten!

DIE LOW-CARB-ALTERNATIVEN

Die üblichen Mehle und Süßungsmittel sind für kohlenhydratarmes Backen nicht geeignet.
Es gibt aber zahlreiche Alternativen, die auch den Genuss nicht zu kurz kommen lassen.

1 KOKOSMEHL

Kokosmehl ist glutenfrei, reich an Ballaststoffen und extrem saugfähig, weshalb es viel Flüssigkeit benötigt. Trotzdem erhalten die Teige eine gute Konsistenz und sind locker und luftig. Ein zusätzliches Bindemittel ist nicht notwendig.

2 LEINSAMENMEHL

Dieses Mehl enthält viel Protein, wodurch die Teige fluffig und schön locker werden. Sein Geschmack ist jedoch ein wenig eigenwillig: Es schmeckt etwas nussig, aber auch deutlich nach Leinsamen. Ansonsten erinnert es eher an Vollkornmehl und ist gut für Brote geeignet. Wichtig: Leinsamenmehl saugt sehr viel Flüssigkeit auf. Wird der Teig zu trocken, geben Sie einfach noch Flüssigkeit dazu.

3 MANDELMEHL

Ein Teig aus Mandelmehl ist etwas kompakter und schmeckt leicht nach Marzipan. Auch wenn Mandelmehl viel Feuchtigkeit aufsaugt, bindet es nicht. Für ein besseres Backergebnis daher ein Bindemittel wie Guarkernmehl hinzufügen. Sie können entöltes und teilentöltes Mandelmehl verwenden.

4 SOJAMEHL

Sojamehl ist sehr gehaltvoll, daher sollte man es mit anderen Low-Carb-Mehlen mischen. Es verbessert die Struktur von Kuchen und Gebäck. Sie können entöltes und teilentöltes Sojamehl zum Low-Carb-Backen verwenden. Tipp: Durch seinen hohen Anteil an Lecithin eignet es sich auch als Emulgator oder Ei-Ersatz.

5 EIWEISSPULVER

Eiweiß- bzw. Proteinpulver ist zwar kein Mehl, eignet sich aber gut als Ersatz. Kombiniert man es mit Mandel- oder Kokosmehl, stimmt auch der Geschmack. Da es bereits ein wenig süß schmeckt, können Sie mit dem Zuckerersatz sparen. Doch unbedingt auf die Zutatenliste des Produkts achten und immer zuckerfreies Eiweißpulver kaufen.

6 ERYTHRIT

Der Zuckeralkohol Erythritol wird aus Glucose gewonnen. Erythritol (Erythrit) kommt etwa in Birnen, Melonen und Pilzen vor. Erythrit sieht aus wie Zucker und lässt sich genauso verwenden. Da seine Süßkraft aber nicht so stark ist, braucht man etwa 25 % mehr. Wie Birkenzucker (Xylit) löst Erythrit sich langsamer, weshalb Teige länger aufgeschlagen werden müssen. Mit Puderzuckerersatz aus Erythrit kann man auch Glasuren herstellen.

7 BIRKENZUCKER (XYLIT)

Dieser Zuckeraustauschstoff sieht aus wie Zucker, lässt sich auch genauso verwenden, enthält aber 40 % weniger Kalorien. Seine Süßkraft ist zuckerähnlich, allerdings löst er sich deutlich schwerer, weshalb Xylit länger gerührt werden muss.

8 KOKOSBLÜTENZUCKER

Gewonnen wird der Zuckerersatz aus dem Saft der Kokosblüten, der zu Sirup eingekocht, kristallisiert und gemahlen wird. Typisch ist sein Karamellgeschmack. Der Nektar der Kokospalmen hat einen niedrigen glykämischen Index und lässt den Blutzuckerspiegel nicht so stark ansteigen. Sie können ihn in der gleichen Menge wie Xylit verwenden.

9 STEVIA

Steviolglycosid hat keine Kalorien und ist etwa 300-mal süßer als Zucker. Daher ist er für Low-Carb-Gebäck gut geeignet. Wegen seines leichten Lakritzgeschmacks haben wir uns jedoch gegen die Verwendung von Stevia entschieden.

GROSSARTIGKEITEN

Prachtvolle Torten, cremige Käsekuchen oder ein leckerer Gugelhupf
sind die Stars auf jeder Kaffeetafel. Ihre Low-Carb-Geschwister stehen ihnen in
nichts nach und locken außerdem mit sündenfreiem Genuss.
Nichts wie ran an die Kuchengabel!

DOUBLE CHOCOLATE CAKE

Durch fantasievolle Dekoration verwandelt sich dieses schokoladige Allroundtalent im Handumdrehen in einen Geburtstags- oder Mottokuchen.

Für den Teig:
160 g Zartbitterschokolade (mind. 80 % Kakao)
80 g Butter
4 Eier
100 g Birkenzucker (Xylit)
Salz
170 g Apfelmark
90 g Mandelmehl
20 g Kakaopulver
3 TL Backpulver
60 g Mandelmus
Für das Topping:
100 g Butter
60 g Birkenzucker (Xylit)
100 g Frischkäse
Blockschokolade zum Verzieren
Außerdem:
1 Kastenform (ca. 30 cm Länge)
Butter für die Form
Kokosraspel zum Ausstreuen

Für Schokoladenfans

Für 10 Stücke |
35 Min. Zubereitung |
45 Min. Backen |
45 Min. Auskühlen
Pro Stück ca. 385 kcal,
10 g E, 31 g F, 22 g KH

1 Den Backofen auf 180° vorheizen. Die Form mit Butter einfetten und mit Kokosraspeln ausstreuen.

2 Für den Teig Schokolade fein hacken und 120 g davon mit der Butter in einem Topf bei geringer Hitze langsam schmelzen und abkühlen lassen. Restliche Schokolade für das Topping beiseitestellen. Eier, 60 g Birkenzucker und 1 Prise Salz mit einem Handrührgerät in 5–7 Min. cremig aufschlagen. Schoko-Butter-Creme langsam zugießen, dabei weiterschlagen, bis eine fluffige Masse entstanden ist. Apfelmark unterrühren. Mandelmehl, Kakao und Backpulver gut mischen und unter den Teig rühren. Mandelmus mit 20 g Birkenzucker mischen. Teig in die Form füllen, Mandelmus darauf verteilen und mit einer Gabel marmorieren.

3 Im Ofen (Mitte) 40–45 Min. backen. Herausnehmen, auf einem Kuchengitter mindestens 15 Min. auskühlen lassen, dann aus der Form lösen und gänzlich auskühlen lassen.

4 Für das Topping die restliche gehackte Schokolade über einem Wasserbad schmelzen und abkühlen lassen. Dann die Butter mit dem Birkenzucker cremig aufschlagen. Frischkäse weich rühren und nach und nach unter die Butter schlagen, bis eine homogene, fluffige Creme entstanden ist. Jetzt die Schokolade langsam einfließen lassen, dabei immer weiterrühren, bis alles gleichmäßig schokobraun ist. Creme auf den Kuchen aufstreichen. Mit dem Sparschäler von der Blockschokolade dicke Streifen abhobeln. Am besten geht das, wenn die Schokolade zuvor in der Mikrowelle oder auf dem warmen Herd ganz leicht angewärmt wurde. Schokoraspel auf der Creme verteilen.

SCHOKO-BROMBEERTORTE

Wow! Dieser kunstvolle Schokotraum ist der Star auf Ihrer Kaffeetafel.
Dunkle Schokolade, Brombeeren und Zimt sorgen für ein wahres Aromenfeuerwerk.

Für den Tortenboden:
4 Eier
Salz
1 EL Butter
100 g Birkenzucker (Xylit)
50 g Mandelmehl
1 TL Johannisbrotkernmehl
3 TL Backpulver
3 TL Kakaopulver
1 Prise Zimtpulver
Für die Brombeercreme:
300 g Brombeeren
60 g Birkenzucker (Xylit)
3 Blatt Gelatine
200 g Sahne
1 TL gemahlene Vanille
250 g Quark
Für die Ganache:
75 g Zartbitterschokolade
(mind. 80 % Kakao)
200 g Sahne
Außerdem:
1 Springform (ca. 20 cm ⌀)
Butter für die Form
1 Handvoll Brombeeren

Tortentraum

Für 10 Stücke |
1 Std. Zubereitung |
50 Min. Backen |
1 Std. Auskühlen |
12 Std. Kühlen
Pro Stück ca. 310 kcal,
10 g E, 22 g F, 24 g KH

1 Den Backofen auf 180° vorheizen. Den Boden der Form mit Backpapier auslegen, den Rand einfetten. Für den Tortenboden Eier trennen, Eiweiße mit 1 Prise Salz steif schlagen. Eigelb, zimmerwarme Butter und Birkenzucker mit dem Handrührgerät in 3–4 Min. cremig aufschlagen. Mandel- und Johannisbrotkernmehl, Backpulver, Kakao und Zimt mischen. Mehlmischung zum Eigelb geben und gleichmäßig unterrühren. Eischnee in zwei Portionen unterheben. Den Teig in die Form füllen und glatt streichen. Im vorgeheizten Backofen (Mitte) 45–50 Min. backen. Den fertigen Tortenboden auf einem Kuchengitter 1 Std. auskühlen lassen.

2 Brombeeren waschen, mit 1 EL Birkenzucker in einem Topf aufkochen und bei schwacher Hitze ca. 10 Min. köcheln, bis sie weich sind und platzen. Abkühlen lassen und durch ein Sieb streichen. Gelatine 5 Min. in Wasser einweichen und tropfnass in einem kleinen Topf bei schwacher Hitze auflösen. Sahne mit Vanille und übrigem Birkenzucker steif schlagen. Quark mit dem Brombeermark verrühren. 2 EL davon unter die Gelatine rühren, mit der übrigen Quarkcreme verrühren und die Sahne unterheben.

3 Den Schokoboden zweimal durchschneiden. Den gesäuberten Springformring auf eine Tortenplatte stellen. Aus Backpapier zwei Streifen schneiden und den Rand des Rings erhöhen. Einen Boden in den Ring legen. Die Hälfte der Creme daraufgeben. Den zweiten Boden einlegen und die übrige Creme darauf verstreichen. Mit dem letzten Boden abschließen. Die Torte über Nacht kühl stellen.

4 Für die Ganache die Schokolade hacken. Sahne aufkochen, über die Schokolade gießen, kurz stehen lassen, dann verrühren. Abkühlen lassen und 10 Std. im Kühlschrank fest werden lassen, dann 1 Std. Zimmertemperatur annehmen lassen und durchrühren bis sie streichfähig ist. Die Torte aus dem Ring lösen. Die Ganache noch einmal gut durchrühren, und die Torte damit einstreichen. Mit Brombeeren garnieren.

TIPP Dunkle Zartbitterschokolade ist weniger süß als die Vollmilchvariante. Deshalb ist die Ganache etwas herber. Wer's süßer mag, kann 1 TL Birkenzucker in die Schokolade rühren.

PFLAUMEN-MANDELKUCHEN

Ein Klassiker kommt ganz neu daher! Als kleiner Blechkuchen bezaubert er im Spätsommer mit saftigen Pflaumen und aromatischem Mandel-Gewürzteig.

120 g Butter
4 Eier
100 g Birkenzucker (Xylit)
Salz
50 g Kokosmehl
100 g Mandelmehl
½ geh. TL Guarkernmehl
1 TL gemahlene Vanille
1 TL gemahlener Kardamom
2 TL Zimtpulver
¼ TL gemahlene Nelken
14 frische Pflaumen
Außerdem:
1 Backform (ca. 24 × 24 cm)
Butter für die Form
Mandelmehl zum Ausstreuen

Neuer Klassiker

Für 9 Stücke |
25 Min. Zubereitung |
45 Min. Backen
Pro Stück ca. 220 kcal,
9 g E, 16 g F, 15 g KH

1 Den Backofen auf 180° vorheizen. Die Form mit Butter einfetten und dünn mit Mandelmehl ausstreuen.

2 Butter in einem Topf schmelzen und abkühlen lassen. Eier, Birkenzucker und 1 Prise Salz mit dem Handrührgerät in 5–7 Min. cremig aufschlagen. Butter unter Rühren langsam einfließen lassen. Mehle, Vanille, Kardamom, Zimt und Nelken gut mischen und in zwei Portionen unter die Eimischung rühren.

3 Den Teig portionsweise in die Form geben und mit einem leicht geölten Teigschaber glatt streichen. So bleibt er nicht kleben und lässt sich leichter verteilen. Pflaumen waschen, trocknen und halbieren. Steine entfernen und die Pflaumen mit der Schnittseite nach oben auf den Teig legen, dabei einen nicht zu breiten Rand lassen. Früchte leicht in den Teig hineindrücken.

4 Den Kuchen im Ofen (Mitte) ca. 45 Min. backen. Den fertigen Kuchen auf einem Kuchengitter auskühlen lassen.

TIPP

Sehr lecker schmeckt dieser Blechkuchen noch leicht warm und mit Schlagsahne.

ZITRONENKUCHEN MIT LAVENDEL

Sein saftiger Mandelteigboden, das fruchtig-cremige Topping aus Zitrone und ein Hauch von Lavendel machen diesen Kuchentraum zu einer unwiderstehlichen Versuchung.

Für die Füllung:
2 Bio-Zitronen
3 TL unbehandelte Lavendelblüten
5 Eier
1 Eigelb
100 g Birkenzucker (Xylit)
Für den Teig:
170 g Mandelmehl
40 g Birkenzucker (Xylit)
1 Ei
1 Eiweiß
Salz
2 EL Kokosöl
Außerdem:
1 Springform (ca. 20 cm ⌀)
Butter für die Form
Zitronenscheiben und Lavendelblüten zum Dekorieren

Der Besondere

Für 8 Stücke |
35 Min. Zubereitung |
12 Std. Kühlen |
1 Std. 25 Min. Backen
Pro Stück ca. 200 kcal,
14 g E, 10 g F, 19 g KH

1 Am Vortag Zitronen heiß abwaschen, trocknen und die Schale fein abreiben. Zitronen auspressen. Saft mit der Schale und den Lavendelblüten mischen und abgedeckt über Nacht kühl stellen.

2 Den Backofen auf 150° vorheizen. Den Boden der Springform mit Backpapier auslegen und den Rand mit Butter einfetten. Für den Teig Mandelmehl, Birkenzucker, Ei, Eiweiß, 1 Prise Salz und zimmerwarmes Kokosöl mit den Händen zu einem glatten Teig verkneten. Diesen in die Springform geben und mit den Händen gleichmäßig dick und möglichst glatt auf den Boden drücken. Kuchenteig im Ofen (Mitte) 20–25 Min. vorbacken.

3 Inzwischen die Zitronensaftmischung durch ein feines Sieb gießen und die Reste gut ausdrücken, um möglichst viel Aroma aufzufangen. Eier und das Eigelb mit dem Birkenzucker cremig aufschlagen. Den Zitronen-Lavendel-Saft einfließen lassen und weiterschlagen. Die Eiermasse auf dem vorgebackenen Boden verteilen und noch 1 Std. backen. Falls der Kuchen überquillt, kurz aus dem Ofen nehmen und dann wieder reinschieben, sobald sich die Oberfläche entspannt hat.

4 Den fertigen Kuchen auf einem Kuchengitter auskühlen lassen. Aus der Form lösen, in Stücke teilen und die Stücke mit Zitronenscheiben und Lavendelblüten dekorieren.

TIPP

Aus den Zitronenresten können Sie eine erfrischende Limonade zaubern: Die Reste dazu in einen Teebeutel füllen, in einen Krug mit Wasser geben und über Nacht kalt stellen.

ERDBEER-CHEESECAKE

Für einen original New-York-Cheesecake lassen Kenner alle anderen Kuchen stehen. Diese Low-Carb-Variante macht aber auch sehr glücklich.

Für den Teig:
200 g Mandelmehl
1 TL Backpulver
75 g Birkenzucker (Xylit)
100 g Butter
1 Ei
Für die Füllung:
1 Bio-Zitrone
1 Vanilleschote
500 g Magerquark
250 g Schmand
125 g + 1 EL Birkenzucker (Xylit)
4 Eier
40 g + 1 TL Guarkernmehl
500 g Erdbeeren
Außerdem:
1 Springform (ca. 22 cm ∅)
Butter für die Form
gemahlene Mandeln
zum Ausstreuen

Fruchtig und cremig

Für 10 Stücke |
40 Min. Zubereitung |
1 Std. 15 Min. Backen |
1 Std. Ruhen
Pro Stück ca. 335 kcal,
19 g E, 20 g F, 26 g KH

1 Für den Teig Mandelmehl mit Backpulver und Birkenzucker vermischen. Zimmerwarme Butter und Ei zufügen. Mit den Knethaken des Handrührgeräts zu einem Teig verkneten. Teig in Folie gewickelt ca. 30 Min. kalt stellen. Den Backofen auf 180° vorheizen. Den Boden der Springform mit Backpapier auslegen, den Rand mit Butter einfetten und den Boden mit Mandeln bestreuen.

2 Anschließend zwei Drittel des Teigs auf dem Boden der Form ausrollen, den restlichen Teig kalt stellen. Die Form in den Ofen geben und den Teig ca. 10 Min. vorbacken, anschließend aus dem Ofen nehmen und etwas abkühlen lassen. Aus dem übrigen Teig einen Rand formen, um den Boden legen und andrücken (Bild 1).

3 Für die Füllung Zitrone heiß abwaschen, tocknen und die Schale fein abreiben. Vanilleschote halbieren und das Mark auskratzen. Quark mit Schmand, 125 g Birkenzucker, 2 TL Zitronenschale, Vanillemark und Eiern in 2–3 Min. cremig schlagen. 40 g Guarkernmehl über die Creme sieben (Bild 2) und unter Rühren zufügen. Erdbeeren waschen, den Blütenansatz herausschneiden und die Hälfte der Beeren vierteln, die übrigen beiseitestellen.

4 Die Hälfte der Creme in die Form füllen. Erdbeeren darauflegen. Die übrige Creme auf die Früchte geben und glatt streichen (Bild 3). Die Form in den Ofen (Mitte) stellen und den Kuchen ca. 1 Std. 5 Min. backen. Den Kuchen 30 Min. im ausgeschalteten Ofen ruhen und dann auf einem Kuchengitter auskühlen lassen.

5 Die übrigen Erdbeeren pürieren und durch ein Sieb streichen. Erdbeermark mit 1 EL Birkenzucker und 1 TL Guarkernmehl verrühren. Kuchen aus der Form lösen und mit der Sauce servieren.

1

2

3

HIMBEER-KÄSEKÜCHLEIN

50 g Kokosmehl | 2 EL Sojamehl | 1 ½ EL Guar-kernmehl | 175 g Birkenzucker (Xylit) | 50 g Butter | 4 Eier | ½ Bio-Zitrone | 500 g Magerquark | 1 Pck. Vanillezucker | 100 g Himbeeren | 1 Muffinform mit 12 Mulden | Butter für die Form

Schön fruchtig

Für 12 Stück | 20 Min. Zubereitung |
40 Min. Backen
Pro Stück ca. 145 kcal, 10 g E, 6 g F, 17 g KH

1 Den Backofen auf 180° vorheizen. Die Mulden der Form mit Butter einfetten.

2 Für den Teig das Kokosmehl mit dem Sojamehl, 1 EL Guarkernmehl und 50 g Birkenzucker vermischen, zimmerwarme Butter und 1 Ei zugeben und mit den Knethaken des Handrührgeräts zu Streuseln verkneten. Den Teig in den Mulden verteilen,

mit einem Teelöffel andrücken und dann 8–10 Min. im Ofen vorbacken. Anschließend vorübergehend aus dem Ofen holen.

3 Zitrone heiß abwaschen, trocknen und die Schale fein abreiben. Quark mit 125 g Birkenzucker, Vanillezucker und Zitronenschale in 3–4 Min. cremig aufschlagen. Dann die restlichen Eier einzeln unterrühren. ½ EL Guarkernmehl über die Creme sieben und kräftig unterrühren. Die Quarkmasse auf die Böden in den Muffinmulden geben. Himbeeren auf der Quarkmasse verteilen und etwas eindrücken. Die Form in den Ofen (Mitte) geben und die Muffins in ca. 30 Min. fertig backen.

TIPP

Falls Himbeeren gerade keine Saison haben, können Sie TK-Beeren verwenden. Die Beeren dann gefroren auf die Quarkmasse geben.

MOHN-KÄSEKUCHEN

4 Eier | Salz | 1 Vanilleschote | ½ Bio-Zitrone |
100 g Butter | 200 g Birkenzucker (Xylit) |
500 g Magerquark | 250 g Schmand | 1 EL ge-
mahlener Mohn | 3 TL Johannisbrotkernmehl |
1 Springform (ca. 22 cm ∅) | Butter für die Form

Ohne Boden

Für 10 Stücke | 30 Min. Zubereitung |
1 Std. 15 Min. Backen | 30 Min. Ruhen |
12 Std. Auskühlen
Pro Stück ca. 260 kcal, 10 g E, 17 g F, 23 g KH

1 Den Backofen auf 180° vorheizen. Die Form mit
Backpapier auslegen und den Rand mit Butter einfetten. Die Eier trennen, die Eiweiße mit 1 Prise
Salz steif schlagen und kalt stellen. Die Vanilleschote halbieren, das Mark auskratzen. Die Zitrone
heiß abwaschen, trocknen und mit einer Reibe die
Schale fein abreiben.

2 Zimmerwarme Butter mit 150 g Birkenzucker,
Vanillemark und 1 TL Zitronenschale mit dem
Handrührgerät in 2–3 Min. cremig schlagen.
Eigelbe nacheinander unterrühren. Quark und
Schmand zugeben und weitere 2–3 Min. aufschla-
gen. Mohn unter die Masse rühren.

3 Nun 50 g Birkenzucker mit Johannisbrotkern-
mehl mischen und unter die Quarkcreme schlagen.
Den Eischnee in zwei Portionen unterheben, die
Quarkmasse in die Form füllen und glatt streichen.

4 Kuchen im vorgeheizten Ofen (unten) 30 Min.
backen. Dann mit einem Spatel den Kuchenrand
von der Form lösen und den Kuchen in 40–45 Min.
goldgelb backen. Die Oberfläche sollte nicht zu
dunkel werden. Gegebenenfalls mit Alufolie abdecken. Kuchen 30 Min. im ausgeschalteten Ofen ruhen und 12 Std. auf einem Gitter auskühlen lassen.

MARMORIERTER GUGELHUPF

Marmorkuchen erinnert mich an meine Kindheit. Es war der erste Kuchen, den ich gebacken und stolz meiner Familie präsentiert habe. Ein voller Erfolg!

4 Eier
Salz
50 g Butter
125 g Birkenzucker (Xylit)
100 g Sojamehl
2 TL Johannisbrotkernmehl
3 TL Backpulver
2 TL Kakaopulver
1 EL Milch
10 Sauerkirschen
Außerdem:
1 Gugelhupfform (ca. 16 cm ⌀)
Butter für die Form
50 g Zartbitterschokolade
(mind. 80 % Kakao)

Dreamteam

Für 8 Stücke |
30 Min. Zubereitung |
55 Min. Backen |
1 Std. 15 Min. Auskühlen
Pro Stück ca. 215 kcal,
10 g E, 14 g F, 19 g KH

1 Den Backofen auf 180° vorheizen. Die Gugelhupfform mit Butter einfetten.

2 Für den Teig die Eier trennen und die Eiweiße mit 1 Prise Salz steif schlagen. Die zimmerwarme Butter mit Birkenzucker und den Eigelben mit dem Handrührgerät in 3–4 Min. cremig aufschlagen. Sojamehl, Johannisbrotkernmehl und Backpulver vermischen, auf die Eiermasse sieben und gründlich unterrühren. Danach den Eischnee in zwei Portionen gut unterheben.

3 Zwei Drittel des Teigs in die Form füllen und glatt streichen. Kakao mit Milch verrühren und in den restlichen Teig einrühren. Kirschen waschen, entkernen, auf dem hellen Teig verteilen und etwas eindrücken. Dunklen Teig in Klecksen daraufgeben und mit einer Gabel spiralförmig durch die Teigschichten ziehen.

4 Den Kuchen im Ofen (unten) ca. 55 Min. backen. Den fertigen Gugelhupf auf einem Kuchengitter ca. 15 Min. auskühlen lassen und dann aus der Form stürzen und 1 Std. auskühlen lassen.

5 Die Zartbitterschokolade hacken, über einem heißen Wasserbad schmelzen und etwas abkühlen lassen. Flüssige Schokolade über den erkalteten Gugelhupf geben und fest werden lassen.

TIPP Der Gugelhupf wird noch schokoladiger, wenn man statt des Kakaopulvers flüssige Schokolade für den dunklen Teig verwendet. Dafür einfach 30 g Zartbitterschokolade mit 1 EL Milch in einem kleinen Topf bei schwacher Hitze schmelzen und unter den Teig rühren.

CHIA-PFIRSICHTARTE MIT STREUSELN

Unter den knusprigen Streuseln versteckt sich eine süße Fruchtschicht mit zarter Vanillenote. Hier stimmen Geschmack und Konsistenz. Besser geht's nicht!

Für den Teig:
2 EL Chia-Samen
50 g gemahlene Mandeln
½ TL Zimtpulver
40 g Birkenzucker (Xylit)
1 TL Backpulver
1 TL gemahlene Vanille
Salz
100 g Mandelmehl
30 g Sojamehl
60 g Kokosöl
50 ml Mandeldrink
Für den Belag:
2 Pfirsiche
1 EL Birkenzucker (Xylit)
1 TL gemahlene Vanille
Außerdem:
1 Tarteform mit herausnehmbarem Boden (ca. 20 cm ⌀)
Butter für die Form

Fruchtig gut

Für 8 Stücke |
20 Min. Zubereitung |
30 Min. Backen
Pro Stück ca. 200 kcal,
9 g E, 14 g F, 12 g KH

1 Die Chia-Samen und 4 EL Wasser mischen und zum Quellen ca. 10 Min. beiseitestellen. Den Backofen auf 180° vorheizen, die Form mit Backpapier auslegen und den Rand mit Butter einfetten.

2 Für den Teig Mandeln, Zimt, Birkenzucker, Backpulver, Vanille und 1 Prise Salz mit Mandel- und Sojamehl in einer Schüssel mischen. In einem kleinen Topf Kokosöl erhitzen und mit den Chia-Samen zur Mehlmischung geben. Mit einem Handrührgerät zu einem Teig vermengen, Mandeldrink zufügen und unterrühren. Der Teig sollte noch krümelig sein, jedoch feucht-geschmeidig, wenn man ihn zusammendrückt. Zwei Drittel des Teigs in der Tarteform gleichmäßig verteilen, zu einem Boden formen und andrücken.

3 Für den Belag Pfirsiche waschen, trocken tupfen, halbieren und entsteinen. Früchte in dünne Spalten schneiden. Mit Birkenzucker und Vanille vermischen. Nun die Pfirsiche gleichmäßig auf der Tarte verteilen. Den übrigen Teig zu großen Streuseln zerkrümeln und auf dem Belag verteilen. Leicht andrücken.

4 Den Kuchen im Ofen (Mitte) ca. 30 Min. backen. Ab und zu nachsehen, ob die Streusel nicht zu dunkel werden und gegebenenfalls den Kuchen mit Alufolie bedecken.

TIPP

Je nach Saison kann man für den Belag auch Birnen, Äpfel oder Pflaumen verwenden. Wer es ganz eilig hat, nimmt statt der Früchte Marmelade – idealerweise natürlich selbst gemachte mit Birkenzucker!

HASELNUSS-BAISERTORTE

Ein mürber Boden getoppt mit einer nussigen Baiserhaube und säuerlichen Johannisbeeren – himmlisch süß kommt die raffinierte Torte dennoch ohne Zucker aus!

Für den Teig:
70 g Butter
100 g Mandelmehl
10 g Eiweißpulver
25 g Puderzuckerersatz
Salz
½ TL gemahlene Vanille
1 Eigelb
Für das Baiser:
200 g gemahlene Haselnusskerne
100 g Johannisbeeren
½ Bio-Zitrone
5 Eiweiß
80 g Birkenzucker (Xylit)
Salz
Außerdem:
1 Springform (ca. 20 cm ⌀)
Butter für die Form
Johannisbeeren zum Dekorieren

Nussige Baiserwolke

Für 8 Stücke |
40 Min. Zubereitung |
25 Min. Backen
Pro Stück ca. 315 kcal,
12 g E, 25 g F, 14 g KH

1 Den Backofen auf 180° vorheizen. Den Boden der Springform mit Backpapier auslegen und den Rand dünn mit Butter einfetten.

2 Butter schmelzen und abkühlen lassen. Mandelmehl, Eiweißpulver, Puderzuckerersatz, 1 Prise Salz und Vanille gut verrühren. Flüssige Butter dazugeben und die Masse mit den Händen zu einem bröseligen Teig verarbeiten. Eigelb zufügen und alles gut verkneten. Zwei Drittel des Teigs auf dem Boden der Springform ausrollen. Aus dem übrigen Teig einen Rand formen, um den Boden legen und andrücken.

3 Haselnusskerne in einer Pfanne trocken anrösten, bis sie anfangen zu duften. Stetig wenden, damit sie nicht anbrennen. In eine flache Schüssel geben und abkühlen lassen. Johannisbeeren waschen, trocken tupfen und von den Rispen zupfen.

4 Für das Baiser Zitrone heiß abwaschen, trocknen und die Schale fein abreiben. Eiweiße mit 1 EL Birkenzucker und 1 Prise Salz steif schlagen und nach und nach den restlichen Birkenzucker einrieseln lassen, bis ein cremiger Eischnee entstanden ist. Nun 1 TL Zitronenschale und geröstete Haselnusskerne mischen und mit einem Kochlöffel unter den Eischnee heben. Johannisbeeren ebenfalls unterheben und die Baisermasse auf dem Kuchenboden verteilen.

5 Den Kuchen im Ofen (Mitte) ca. 25 Min. backen. Die Torte anschließend aus dem Ofen holen und auf einem Kuchengitter abkühlen lassen. Vor dem Servieren mit Johannisbeeren dekorieren.

KLEINIGKEITEN

Eine süße und gesunde Kleinigkeit für zwischendurch?
Meistens gar nicht so einfach zu finden. Unsere Cookies schaffen Abhilfe für das
Nachmittagstief, die Heidelbeer-Muffins versüßen den spontanen Kaffeeklatsch und
die Brownies bekämpfen im Handumdrehen die Schokosehnsucht!

HEIDELBEER-MUFFINS

100 g Kokosöl | 4 Eier | 5 EL Kokosblütenzucker (ersatzweise Birkenzucker) | Salz | 1 Bio-Limette | 170 g Mandelmehl | 25 g Eiweißpulver | 3 TL Backpulver | 2 TL gemahlene Vanille | 2 TL gemahlener Ingwer | 300 ml Milch | 240 g Heidelbeeren | 1 Muffinform mit 12 Mulden | 12 Papierförmchen | Puderzuckerersatz zum Bestäuben

Fruchtige Teilchen

Für 12 Stück |
25 Min. Zubereitung | 20 Min. Backen
Pro Stück ca. 170 kcal, 10 g E, 13 g F, 3 g KH

1 Den Backofen auf 180° vorheizen und die Muffinform mit den Papierförmchen auslegen.

2 Kokosöl in einem Topf bei schwacher Hitze schmelzen und abkühlen lassen. Eier mit Kokosblütenzucker und 1 Prise Salz in 3–5 Min. mit dem Handrührgerät cremig aufschlagen. Kokosöl einfließen lassen und dabei weiterschlagen.

3 Limette heiß abwaschen, trocknen, die Schale abreiben. Mehl, Eiweiß- und Backpulver, Vanille, 2 TL Limettenschale, Ingwer mischen und portionsweise unter die Eiermasse rühren. Milch zugießen, bis ein geschmeidiger Teig entstanden ist.

4 Heidelbeeren waschen, trocknen und vorsichtig unter die Masse heben.

5 Muffinteig gleichmäßig in die Förmchen füllen. Sehr gut gelingt das mit einem Eisportionierer. Im Ofen (Mitte) ca. 20 Min. backen. Die Ofentür während des Backens nicht öffnen. Anschließend die Muffins auf einem Kuchengitter abkühlen lassen und mit Puderzuckerersatz bestäubt servieren.

ORANGEN-ZIMT-MUFFINS

100 g Kokosöl | 4 Eier | 5 EL Kokosblütenzucker (ersatzweise Birkenzucker) | Salz | ½ Bio-Orange | 170 g Mandelmehl | 25 g Eiweißpulver | 3 TL Backpulver | 2 TL Zimtpulver | 1 TL gemahlener Kardamom | 300 ml Haselnussdrink | 240 g Johannisbeeren | 1 Muffinform mit 12 Mulden | 12 Papierförmchen | Puderzuckerersatz zum Bestäuben

Würzig-süß

Für 12 Stück |
25 Min. Zubereitung | 25 Min. Backen
Pro Stück ca. 190 kcal, 10 g E, 13 g F, 8 g KH

1 Den Backofen auf 180° vorheizen und die Muffinform mit den Papierförmchen auslegen.

2 Kokosöl in einem Topf bei schwacher Hitze schmelzen und abkühlen lassen. Eier mit Kokos-blütenzucker und 1 Prise Salz in 3–5 Min. mit dem Handrührgerät cremig aufschlagen. Kokosöl einfließen lassen und dabei weiterschlagen.

3 Orange heiß abwaschen, trocknen, die Schale abreiben. Mandelmehl, Eiweiß- und Backpulver, Zimt, 2 TL Orangenschale und Kardamom mischen und portionsweise unter die Eiermasse rühren. Haselnussdrink zugießen, bis ein geschmeidiger Teig entstanden ist.

4 Johannisbeeren putzen, von den Rispen zupfen und vorsichtig unter die Masse heben.

5 Muffinteig gleichmäßig in die Förmchen füllen. Im Ofen (Mitte) 20–25 Min. backen. Die Ofentür während des Backens nicht öffnen. Die Muffins auf einem Kuchengitter abkühlen lassen und mit Puderzuckerersatz bestäubt servieren.

SCHOKO-KAFFEE-CUPCAKES

Die kleinen Törtchen mit zuckersüßem Erdbeertopping sind echte Designerstücke.
Und außerdem die perfekte Symbiose aus Schokolade, Kaffee und roten Beeren!

Für den Teig:
100 g Butter
4 Eier
110 g Birkenzucker (Xylit)
Salz
60 g Mandelmehl
¾ TL Guarkernmehl
3 TL Backpulver
10 g Eiweißpulver
100 g gemahlene Mandeln
3 TL Kakaopulver
2 TL lösliches Kaffeepulver
140 ml Espresso
Für das Topping:
70 g Butter
30 g Puderzuckerersatz
200 g Frischkäse
120 g Erdbeeren
Außerdem:
1 Muffinform mit 12 Mulden
12 Papierförmchen

Kaffee-Kick

Für 12 Stück |
40 Min. Zubereitung |
35 Min. Backen
Pro Stück ca. 265 kcal,
9 g E, 22 g F, 12 g KH

1 Den Backofen auf 180° vorheizen und die Muffinform mit den Papierförmchen auslegen.

2 Zunächst für den Teig die Butter in einem Topf schmelzen und abkühlen lassen. Die Eier mit Birkenzucker und 1 Prise Salz in 5–7 Min. mit dem Handrührgerät cremig aufschlagen. Die Butter einfließen lassen und dabei weiterschlagen. Mandel- und Guarkernmehl, Back- und Eiweißpulver, Mandeln, Kakao und Kaffeepulver mischen und portionsweise unter die Eiermasse rühren. Den Espresso nach und nach zugießen, bis ein geschmeidiger Teig entstanden ist.

3 Den Teig gleichmäßig in die Mulden füllen. Die Muffins im Ofen (Mitte) 30–35 Min. backen und anschließend auf einem Kuchengitter auskühlen lassen.

4 In der Zwischenzeit für das Topping die Butter mit 15 g Puderzuckerersatz cremig aufschlagen. Den Frischkäse weich rühren und nach und nach unter die Butter schlagen. Es soll eine homogene und fluffige Creme entstehen. Erdbeeren putzen und mit dem restlichen Puderzuckerersatz pürieren. Nun 60 g Erdbeerpüree unter die Creme rühren. Creme mit einem Spritzbeutel mit Sterntülle auf die Muffins aufspritzen oder mit einem Messer aufstreichen. Mit dem restlichen Erdbeerpüree garnieren.

TIPP

Wenn Sie die Cupcakes nicht sofort essen wollen, können Sie die Creme bis kurz vor dem Servieren kühl stellen. Bestreichen Sie die Törtchen erst kurz vor dem Verzehr damit. So weichen die Cupcakes nicht durch.

KLEINE MÖHRENGUGEL

Mini-Gugel sind der Hingucker auf jeder Kaffeetafel. Sie schmecken sehr saftig und süß, stecken voller gesunder Nährstoffe und sehen einfach zum Anbeißen aus.

150 g Butter
240 g Möhren
60 g Walnusskerne
30 g Kokosraspel
2 EL Apfelmark
3 Eier
80 g Birkenzucker (Xylit)
Salz
120 g Mandelmehl
1½ TL Guarkernmehl
1½ TL Backpulver
1 TL gemahlener Ingwer
1 TL Zimtpulver
1 TL gemahlene Vanille
Außerdem:
12 Mini-Gugelhupfförmchen
Butter für die Förmchen

Rübli mal anders

Für 12 Stück |
45 Min. Zubereitung |
35 Min. Backen
Pro Stück ca. 215 kcal,
7 g E, 18 g F, 9 g KH

1 Den Backofen auf 180° vorheizen und die Mini-Gugelhupfförmchen mit Butter einfetten.

2 Butter in einem kleinen Topf bei geringer Hitze langsam schmelzen und dann abkühlen lassen. Möhren schälen und grob reiben. Walnusskerne in einem Mixer fein mahlen oder mit einem Messer sehr fein hacken. Mit 30 g davon die gebutterten Förmchen ausstreuen, den Rest mit Möhren- und Kokosraspeln und Apfelmark mischen.

3 Eier, Birkenzucker und 1 Prise Salz mit einem Handrührgerät in 5 Min. cremig aufschlagen. Abgekühlte Butter langsam einfließen lassen, dabei weiterschlagen. Mandel- und Guarkernmehl, Backpulver, Ingwer, Zimt und Vanille mischen und unter die Eiermasse rühren. Jetzt die Möhrenmischung mit einem Teigspatel unter den Teig rühren.

4 Die Gugel im Ofen (Mitte) 30–35 Min. backen und anschließend auf einem Kuchengitter auskühlen lassen. Nach etwa 15 Min. die Gugel vom Rand lösen und aus den Förmchen heben.

TIPP

Man kann die Gugel pur servieren oder mit Puderzuckerersatz bestäubt. Wenn es mal aufwendiger sein soll, machen sie sich auch mit geschmolzener Zartbitterschokolade fein.

WALNUSS-BANANEN-PANCAKES

Wenn der Duft dieser warmen Mini-Pancakes aus der Küche lockt, ist Frühstückszeit.
Es gibt kaum etwas Schöneres als ein Wochenende, das so süß beginnt!

Für die Pancakes:
2 Eier
Salz
50 g Joghurt
1 EL Birkenzucker (Xylit)
1 kleine Banane
1 EL Johannisbrotkernmehl
½ TL Zimtpulver
1 EL Walnusskerne
2 EL Butter

Für die Sauce:
½ Bio-Limette
250 g Heidelbeeren
½ TL gemahlene Vanille
1 TL Guarkernmehl

Super einfach!

Für 12 Stück |
30 Min. Zubereitung |
20 Min. Ruhen
Pro Stück ca. 100 kcal,
3 g E, 6 g F, 8 g KH

1 Für die Pancakes die Eier trennen. Die Eiweiße mit 1 Prise Salz steif schlagen. Die Eigelbe, den Joghurt und den Birkenzucker mit dem Handrührgerät in 3–5 Min. cremig schlagen. Die Banane pürieren oder mit einer Gabel fein zerdrücken.

2 Johannisbrotkernmehl und Zimt unter die Eier-Zucker-Mischung rühren, dann die Banane unterrühren und schließlich den Eischnee unterheben. Den Pancake-Teig anschließend 20 Min. quellen lassen.

3 Für die Sauce die Limette heiß abwaschen, trocknen und mit einer Reibe die Schale fein abreiben. Heidelbeeren mit Vanille und 1 TL Limettenschale in einen Topf geben, aufkochen und so lange köcheln, bis die Früchte aufplatzen. Guarkernmehl unterrühren, die Sauce nochmal aufkochen und abkühlen lassen.

4 Walnusskerne grob hacken. Etwas Butter in einer beschichteten Pfanne erhitzen. Pro Pancake 2 EL Teig in die Pfanne geben und mit ein paar Walnüssen bestreuen. Nüsse etwas andrücken. Pancakes in 3–4 Min. je Seite auf mittlerer Stufe goldgelb backen. Die Pancakes erst wenden, wenn sie sich gut vom Pfannenboden lösen lassen. Noch lauwarm mit Heidelbeersauce genießen.

TIPP   Die Sauce ist das i-Tüpfelchen auf den Pancakes! Außerhalb der Beerensaison können Sie sie auch mit TK-Heidelbeeren zubereiten. Wer eine säuerliche Note bevorzugt, probiert die Sauce mit Brombeeren oder Johannisbeeren aus.

HASELNUSS-COOKIES

70 g gemahlene Haselnusskerne | 50 g Mandelmehl | 45 g Puderzuckerersatz | 85 g weiche Butter | Salz

Nusswunder

Für 16 Stück |
25 Min. Zubereitung | 10 Min. Backen
Pro Stück ca. 80 kcal, 2 g E, 7 g F, 1 g KH

1 Den Backofen auf 180° vorheizen und ein Backblech mit Backpapier auslegen.

2 Haselnusskerne, Mandelmehl, Puderzuckerersatz, Butter und 1 Prise Salz in eine Schüssel geben und mit den Händen zügig zu einem Teig verkneten. Der Teig bleibt etwas bröselig.

3 Jeweils eine walnussgroße Menge vom Teig abnehmen, feste Kugeln daraus rollen und so flach drücken, dass sie etwa 1 cm hoch sind. Die Teigtaler auf dem Backblech verteilen. Sie laufen nicht auseinander und gehen nur leicht auf.

4 Die Cookies im Ofen (Mitte) in 8–10 Min. goldbraun backen und auf dem Backpapier auskühlen lassen. Sie sind noch weich, wenn sie aus dem Ofen kommen, härten beim Abkühlen aber aus und werden dann schön mürbe.

TIPP

Nach diesem Rezept kann man alle nur erdenklichen Nussplätzchen backen. Verwenden Sie als erste Zutat einfach Ihre Lieblingsnüsse. Wie wäre es etwa mit Macadamianusskernen, Walnusskernen oder Mandeln? Für Weihnachtsaroma einfach ½ TL Lebkuchengewürz in den Teig geben. In einer Dose halten sich die Haselnuss-Cookies mindestens 3 Wochen.

ZITRONEN-MOHN-COOKIES

½ Bio-Zitrone | 70 g gemahlene Mandeln |
50 g Mandelmehl | 45 g Puderzuckerersatz |
1 EL Mohnsamen | 90 g weiche Butter | Salz

Spitzen-Kombi

Für 16 Stück |
25 Min. Zubereitung | 10 Min. Backen
Pro Stück ca. 80 kcal, 2 g E, 8 g F, 0 g KH

1 Den Backofen auf 180° vorheizen und ein Backblech mit Backpapier auslegen.

2 Die halbe Zitrone heiß abwaschen, trocknen
und mit einer Reibe die Schale fein abreiben. Die
Zitronenschale zusammen mit den Mandeln, Mandelmehl, Puderzuckerersatz, Mohnsamen, Butter
und 1 Prise Salz in eine Schüssel geben und mit
den Händen zügig zu einem Teig verkneten. Der
Teig bleibt etwas bröselig.

3 Jeweils eine walnussgroße Menge vom Teig abnehmen, feste Kugeln daraus rollen und so flach
drücken, dass sie etwa 1 cm hoch sind. Die Teigtaler auf dem Backblech verteilen. Sie laufen nicht
auseinander und gehen nur leicht auf.

4 Die Cookies im Ofen (Mitte) in 8–10 Min. goldbraun backen und auf dem Backpapier auskühlen
lassen. Sie sind noch weich, wenn sie aus dem
Ofen kommen, härten beim Abkühlen aber aus
und werden dann schön mürbe.

TIPP

Im Nu wird aus diesem Rezept ein Teig für
Orangen-Kardamom-Cookies: Dazu einfach die
½ Bio-Zitrone durch eine ½ Bio-Orange ersetzen und etwa ½ TL Kardamom in den Teig geben. Alle anderen Zutaten und die Zubereitung
bleiben wie gehabt.

ERDNUSS-KOKOS-BARS

Ob als Reiseproviant oder Energie-Kick für zwischendurch – Nussriegel sind ein beliebter Pausensnack, den Sie künftig bei keinem Ausflug mehr missen wollen.

50 g Erdnusskerne
100 g Butter
2 EL Erdnussmus
125 g Birkenzucker (Xylit)
3 Eier
80 g Kokosmehl
1 EL Johannisbrotkernmehl
2 TL Backpulver
200 g saure Sahne
2 EL Kokosraspel
zum Bestreuen
Außerdem:
1 Backform (ca. 24 × 24 cm)
Butter für die Form
Puderzuckerersatz
zum Bestäuben

Einfach gut

Für 12 Stücke |
20 Min. Zubereitung |
35 Min. Backen
Pro Stück ca. 195 kcal,
6 g E, 15 g F, 12 g KH

1 Den Backofen auf 180° vorheizen. Die Backform mit Butter einfetten und mit Backpapier auslegen.

2 Erdnusskerne in einer Pfanne ohne Fett rösten, bis sie zu duften beginnen, abkühlen lassen und die Nüsse grob hacken. Zimmerwarme Butter, Erdnussmus, Birkenzucker und Eier mit dem Handrührgerät in 4–5 Min. cremig aufschlagen.

3 Kokosmehl mit Johannisbrotkernmehl und Backpulver vermischen, auf die Eiermasse sieben und die Mischung unterrühren, dabei weiterschlagen (Bild 1), bis eine fluffige Masse entstanden ist. Dann die Erdnusskerne und die saure Sahne unterrühren.

4 Den Teig in die Form füllen und glatt streichen. Die Kokosraspel gleichmäßig auf den Teig streuen (Bild 2). Dann im Ofen (Mitte) ca. 35 Min. backen. Die Oberfläche sollte nicht zu dunkel werden, deshalb gegebenenfalls mit Alufolie abdecken.

5 Die gebackene Teigplatte 15 Min. auskühlen lassen, dann halbieren, mit dem Backpapier aus der Form heben. Jede Hälfte in 6 schmale Streifen schneiden (Bild 3) und weiter auskühlen lassen. Puderzuckerersatz über die Bars stäuben.

TIPP Sehr lecker schmecken die Bars mit einem Klecks Schlagsahne oder Crème fraîche. Statt mit Puderzuckerersatz können Sie die Bars auch mit weiteren 2 EL Kokosraspeln bestreuen. So schmecken die Bars noch intensiver nach Kokos.

1

2

3

BROWNIES

150 g Zartbitterschokolade (mind. 80 % Ka-kao) | 150 g Butter | 3 Eier | 100 g Birkenzucker (Xylit) | 1 TL gemahlene Vanille | Salz | 100 g Mandelmehl | 2 ½ TL Backpulver | 1 Back-form (ca. 24 × 24 cm) | Butter für die Form

Schokoladentraum

Für 9 Stücke |
35 Min. Zubereitung | 30 Min. Backen
Pro Stück ca. 300 kcal, 9 g E, 25 g F, 15 g KH

1 Den Backofen auf 180° vorheizen und die Back-form mit Butter einfetten.

2 Die Zartbitterschokolade fein hacken und mit der Butter in einem Topf bei kleiner Hitze langsam schmelzen. Anschließend etwas abkühlen lassen. Eier, Birkenzucker, Vanille und 1 Prise Salz mit ei-nem Handrührgerät in 5–7 Min. cremig aufschla-gen. Schokoladen-Butter-Mischung langsam ein-fließen lassen, dabei weiterschlagen, bis eine fluffige Masse entstanden ist. Mehl und Backpul-ver mischen und mit einem Schneebesen vorsich-tig unter die Eiermasse heben, sodass keine Klümpchen entstehen können.

3 Den Teig in die gebutterte Form füllen und glatt streichen. Im Ofen (Mitte) ca. 30 Min. backen und auf einem Kuchengitter abkühlen lassen.

TIPP

Dieses Rezept eignet sich hervorragend zum Variieren und Experimentieren! Mit 1 TL lösli-chem Espressopulver im Teig bekommen die Brownies ein herrlich duftendes Kaffeearoma. Mit 1–2 TL Lebkuchengewürz oder ½ TL Zimt und ½ TL Kardamom wird die ganze Sache weihnachtlich.

BLONDIES

4 Eier | 2 EL Apfelmark | 100 ml Sonnenblu-
menöl | 125 g Birkenzucker (Xylit) | 1 TL gemah-
lene Vanille | 100 g Mandelmehl | 1 TL Johannis-
brotkernmehl | 1 TL Natron | 5 EL gehackte
Haselnusskerne | 1 Apfel | 1 TL Butter | 50 g Pu-
derzuckerersatz | 1 Backform (ca. 24 × 24 cm) |
Butter für die Form

Einfach und gut

Für 9 Stücke |
30 Min. Zubereitung | 20 Min. Backen
Pro Stück ca. 270 kcal, 8 g E, 21 g F, 17 g KH

1 Den Backofen auf 180° vorheizen und die Backform mit Butter einfetten. Eier trennen. Eiweiß von
einem Ei beiseitestellen, restliche Eiweiße steif
schlagen. Eigelbe mit Apfelmark, Öl, Birkenzucker
und Vanille mit dem Handrührgerät in 4–5 Min. cremig schlagen. Mandel- und Johannisbrotkernmehl,

Natron und 3 EL Haselnusskerne mischen, zu der
Birkenzucker-Öl-Mischung geben, dabei weiterschlagen, bis eine fluffige Masse entstanden ist.

2 Den Apfel waschen, Kerngehäuse entfernen
und den Apfel klein würfeln. Die Hälfte der Frucht-
würfel mit dem Eischnee unter den Teig heben. Die
übrigen Apfelwürfel beiseitestellen.

3 Den Teig in die Form füllen und glatt streichen.
Im Ofen (Mitte) ca. 20 Min. backen und dann auf
einem Kuchengitter auskühlen lassen.

4 Währenddessen Butter in einer kleinen Pfanne
erhitzen. Übrige Apfelwürfel und 2 EL Nüsse darin
andünsten, abkühlen lassen. Puderzuckerersatz
mit dem beiseitegestellten Eiweiß zu einem Guss
verrühren, den Kuchen damit verzieren. Apfel-
Nuss-Topping darüberstreuen.

PINIENKERN-KOKOS-PRALINEN

Heute bleibt der Ofen aus! Denn für diese kleinen Schokoladenköstlichkeiten brauchen Sie nur eine Herdplatte und ein liebevolles Händchen.

50 g Pinienkerne
20 g Kokosraspel
100 g Zartbitterschokolade
(mind. 80 % Kakao)
40 g Sahne

Für Schokoholics

Für ca. 16 Stück |
30 Min. Zubereitung |
2 Std. Abkühlen
Pro Stück ca. 70 kcal,
1 g E, 6 g F, 2 g KH

1 Die Pinienkerne in einer Pfanne ohne Fett vorsichtig anrösten und dann auf einem Teller beiseitestellen und abkühlen lassen. Mit den Kokosraspeln ebenso verfahren.

2 Schokolade fein hacken. Sahne in einem Topf langsam erwärmen und vom Herd nehmen. Die Sahne soll nur heiß werden und nicht kochen, sonst verbrennt die Schokolade. Schokolade dazugeben und sofort verrühren, bis die Schokolade geschmolzen und die Masse glatt ist. Pinienkerne und Kokosraspel dazugeben und alles gut miteinander verrühren.

3 Ein Stück Backpapier bereitlegen. Die kompakte Schokomasse mit den Händen zu kleinen Kugeln rollen oder mit zwei Teelöffeln zu kleinen Pralinenhäufchen formen und auf dem Backpapier verteilen. Die Pinienkern-Kokos-Pralinen bei Zimmertemperatur 2 Std. fest werden lassen. In einem Zellophantütchen mit einer Schleife verpackt sind die Pralinen ein perfektes Mitbringsel.

TIPP Dieses Pralinenrezept lässt sich ganz einfach abwandeln. Ersetzen Sie die Pinienkerne durch Nusskerne Ihrer Wahl. Dazu größere Nüsse grob hacken und dann wie beschrieben weiterverarbeiten. Die Ganache mit Orangen- oder Zitrusschale verfeinern. Dafür einfach Zesten abziehen und 30 Min. in der leicht erwärmten Sahne ziehen lassen. Anschließend die Zesten entfernen.

KNUSPERZEUG

Ein Brot ohne klassisches Mehl geht nicht? Geht doch!
Gebacken aus den besten Zutaten wie Sonnenblumenkernen, Sesam, Chia-Samen,
Saaten und Co. trumpfen unsere Brote auf. Ob als Schulbrot, Sonntagsbrötchen
oder Knabberei für zwischendurch – zum Knuspern gut!

NUSSBROT

Das kräftige Brot ist perfekt für eine deftige Brotzeit! Mit würzigem Käse und Radieschenscheiben belegt, wird eine saftige und nussig aromatische Stulle de luxe daraus.

100 g Walnusskerne
100 g Kürbiskerne
80 g geschrotete Leinsamen
4 Eier
1 TL Meersalz
50 g Sojamehl
2 TL Backpulver
20 g Flohsamen
50 g gehackte Haselnusskerne
200 g saure Sahne
3 EL Olivenöl
Außerdem:
1 Kastenform (ca. 20 cm Länge)
2 EL Kürbiskerne
zum Bestreuen

Würzig und kross

Für 16 Scheiben |
30 Min. Zubereitung |
1 Std. Backen |
1 Std. Auskühlen
Pro Scheibe ca. 175 kcal,
8 g E, 14 g F, 3 g KH

1 Den Backofen auf 170° vorheizen und die Kastenform mit Backpapier auslegen, dabei das Papier etwas über den Rand der Form stehen lassen.

2 Walnusskerne in einer Pfanne rösten, bis sie zu duften beginnen, beiseitestellen und abkühlen lassen. Kürbiskerne ebenso rösten, beiseitestellen und abkühlen lassen. Dann die Kürbiskerne mit Leinsamen in den Blitzhacker geben und fein mahlen. Die Walnusskerne grob hacken.

3 Eier und Salz mit dem Handrührgerät in 3 Min. cremig aufschlagen. Das Sojamehl mit Backpulver und Flohsamen vermischen. Zuerst Kürbiskerne unter die Eiermischung rühren. Dann die Mehlmischung hinzugeben und mit dem Handrührgerät gut verrühren. Zum Schluss Wal- und Haselnusskerne, saure Sahne und Olivenöl gleichmäßig unter den Teig rühren.

4 Brotteig in die Kastenform füllen, mit einem angefeuchteten Löffel glatt streichen, mit Kürbiskernen bestreuen und im Ofen (Mitte) ca. 1 Std. backen. Mit einem Holzstäbchen prüfen, ob das Brot gar ist. Bleibt noch Teig hängen, die Backzeit verlängern. Nach 15 Min. Auskühlzeit das Brot aus der Form heben und auf einem Kuchengitter gänzlich auskühlen lassen.

TIPP **Das Brot ist sehr gehaltvoll und saftig. Nach dem Auskühlen am besten in eine Dose geben und in den Kühlschrank stellen. Dort hält es sich ein paar Tage. Alternativ können Sie das Brot auch in Scheiben schneiden und einfrieren.**

SUPERFOOD-BROT

Dieses Low-Carb-Brot ist ein absolutes Powerpaket! Chia-Samen, Kerne und Flocken geben richtig viel Biss und liefern auch noch reichlich gesunde Vitalstoffe.

100 g Sonnenblumenkerne
1 TL Fenchelsamen
1 TL Koriandersamen
100 g Leinsamenmehl
100 g Mandelmehl
1 EL Chia-Samen
1 EL Leinsamen
1 EL Flohsamen
1 EL Sesam
1 TL Meersalz
1 TL Backpulver
1 EL Apfelessig
400 ml Mineralwasser
Außerdem:
1 Kastenform (ca. 20 cm Länge)
Butter für die Form

Korn an Korn

Für 16 Scheiben |
30 Min. Zubereitung |
1 Std. Ruhen |
1 Std. Backen |
20 Min. Auskühlen
Pro Scheibe ca. 85 kcal,
7 g E, 6 g F, 1 g KH

1 Die Sonnenblumenkerne in einer Pfanne ohne Fett rösten, bis sie zu duften beginnen, beiseitestellen und abkühlen lassen. Die Fenchel- und Koriandersamen ebenso anrösten, bis sie zu duften beginnen, herausnehmen und abkühlen lassen. Die Samen dann in einem Mörser zerstoßen.

2 Leinsamen- und Mandelmehl in einer großen Schüssel vermischen. Chia-Samen, Leinsamen, Flohsamen, Sesam, Meersalz und Backpulver zugeben und gut mischen. Fenchel, Koriander, Sonnenblumenkerne, Apfelessig und Mineralwasser dazugeben und mit den Knethaken des Handrührgeräts zu einem Teig verkneten. Die Schüssel mit einem Tuch zudecken und ca. 1 Std. bei Zimmertemperatur ruhen lassen, sodass das Wasser aufgesogen wird und ein gebundener Teig entsteht.

3 Inzwischen den Backofen auf 180° vorheizen. Die Backform mit Butter einfetten oder mit Backpapier auslegen. Der Brotteig muss richtig fest sein, andernfalls einfach noch etwas Flohsamen unterrühren. Den Teig in der Form verteilen und das Brot 55–60 Min. im Ofen (Mitte) backen. Mit dem Holzstäbchen prüfen, ob das Brot gar ist und eventuell die Backzeit verlängern.

4 Das Brot aus dem Backofen nehmen und 15–20 Min. auskühlen lassen, dann vorsichtig mit einem Teigschaber lösen, aus der Form stürzen und auf einem Kuchengitter auskühlen lassen.

TIPP Das Brot ist sehr saftig. Es hält sich in Alu- oder Frischhaltefolie gewickelt bis zu vier Tage im Kühlschrank.

KNÄCKEBROT

Obwohl die Erdmandeln nicht ganz ohne Kohlenhydrate auskommen, sind sie sehr gesund.
Zusammen mit den Saaten und Körnern machen sie dieses Rezept zum Nährstoffpaket.

150 g Leinsamenmehl
100 g Erdmandelflocken
(ersatzweise zerstoßene
Sojaflocken)
2 TL Guarkernmehl
Salz
4 EL Olivenöl
60 g Sesam
100 g Sonnenblumenkerne
2 TL gemahlene Fenchelsamen
30 g Chia-Samen
50 g Mohn
2 TL grobes Meersalz
2 TL getrockneter Thymian
Außerdem:
Öl zum Fetten

Knusper-Power

Für 15 Scheiben |
25 Min. Zubereitung |
1 Std. Kühlen |
55 Min. Backen
Pro Scheibe ca. 165 kcal,
8 g E, 13 g F, 4 g KH

1 Leinsamenmehl, Erdmandelflocken, Guarkernmehl, 2 TL Salz und Olivenöl mit 360 ml Wasser gut vermischen und abgedeckt 1 Std. kühl stellen. Anschließend Sesam, Sonnenblumenkerne, Fenchelsamen, Chia-Samen und Mohn unterrühren.

2 Den Ofen auf 200° vorheizen. Das Backblech ölen, sehr glatt mit Backpapier auslegen und dieses ebenfalls ölen. Das Glattstreichen ist sehr wichtig, damit sich keine Falten in die Knäckebrote einbacken. Den Teig nun mit einem Nudelholz, das zuvor mit Öl eingepinselt wurde, sehr gleichmäßig bis zum Rand auf dem Blech verstreichen.

3 Die Teigplatte im Ofen (Mitte) 15 Min. backen. Das Blech aus dem Ofen nehmen und die Temperatur auf 175° reduzieren. Mit einem scharfen Messer oder einem Teigrädchen 15 Knäckebrote vorschneiden. Das Blech wieder in den Ofen schieben und die Knäckebrote in 30–40 Min. fertig backen. 10 Min. vor Ende der Backzeit die Teigoberfläche dünn mit Wasser bestreichen und das grobe Meersalz und den Thymian daraufstreuen. Blech zurück in den Ofen geben. Fertige Knäckebrote auf dem Backpapier auskühlen lassen, umdrehen und vorsichtig das Backpapier abziehen. Brote an den Sollbruchstellen auseinanderbrechen.

TIPP

Das Knäckebrot bewahrt man am besten in einer Blechdose auf. Dort bleibt es schön knusprig.

MANDEL-ZUCCHINI-CRACKER

Klein und mit mediterranen Gewürzen aromatisiert sind die Cracker eine echte Bereicherung
für Salate, die Lunchbox oder einen gemütlichen Abend auf dem Sofa!

30 g Sesam
2 EL Chia-Samen
100 g Mandeln
50 g Sonnenblumenkerne
50 g Sojamehl
4 Thymianzweige
6 getrocknete Tomaten
200 g Zucchini
1 Ei
Meersalz
2 EL Olivenöl
Salz | Pfeffer
Außerdem:
Sonnenblumenkerne und
Sesam zum Bestreuen

Knabberspaß

Für 40 Stück |
15 Min. Zubereitung |
pro Blech 1 Std. 5 Min. Backen
Pro Stück ca. 45 kcal,
2 g E, 4 g F, 1 g KH

1 Sesam mit Chia-Samen, Mandeln, Sonnenblumenkernen und
Sojamehl vermischen. Portionsweise in den Blitzhacker geben
und fein mahlen. Thymian waschen und die Blättchen von den
Zweigen streifen. Die getrockneten Tomaten in kleine Würfel
schneiden. Thymian und Tomaten zur Mischung in den Blitzhacker geben und ebenfalls mixen.

2 Zucchini waschen, die Enden abschneiden und Zucchini in
kleine Stücke schneiden. Mit dem Ei, 1 TL Meersalz, Olivenöl und
50 ml Wasser zur Mischung in den Mixer geben und auf höchster
Stufe mixen, bis alles fein ist. Es entsteht eine recht feste Masse,
gegebenenfalls noch etwas Wasser zugeben, sodass sie sich gut
rühren lässt. Den Teig mit Salz und Pfeffer würzen.

3 Den Backofen auf 170° vorheizen. Zwei Backbleche mit Backpapier auslegen. Vom Teig mithilfe von zwei Teelöffeln Nocken
abstechen, die Häufchen auf das Backblech setzen und etwas
flach drücken. Das geht am besten, wenn man die Löffel ab und
zu in kaltes Wasser taucht. Taler mit Sonnenblumenkernen und
Sesam bestreuen. Ein Blech in den Ofen (Mitte) geben und die
Taler 50 Min. backen, dann die Temperatur auf 100° reduzieren
und die Cracker in ca. 15 Min. fertig backen. Auf einem Kuchengitter auskuhlen lassen. Mit dem zweiten Blech ebenso verfahren.

TIPP Schneller geht's, wenn man diesen Snack bei Heißluft backt.
Den Ofen nicht vorheizen und die Teighäufchen zunächst bei
150° ca. 25 Min. backen. Dann den Ofen auf 100° herunter-
schalten und die Cracker in ca. 10 Min. fertig backen.

FOCACCIA

Wie die klassische Focaccia ist auch dieses Fladenbrot fluffig und mit den typischen großen Poren im Teig gebacken – enthält aber deutlich weniger Kohlenhydrate.

50 g Mandelmehl
40 g Leinsamenmehl
25 g Eiweißpulver
1 ½ TL Backpulver
Salz
1 TL Rosmarin
1 TL Trockenhefe
130 g Frischkäse
2 Eier
80 g Emmentaler
50 g Mozzarella
Außerdem:
Öl zum Fetten

Italian Style

Für 8 Stücke |
25 Min. Zubereitung |
25 Min. Backen
Pro Stück ca. 150 kcal,
14 g E, 10 g F, 1 g KH

1 Den Backofen auf 180° vorheizen. Ein Backblech mit Backpapier belegen und dünn mit Öl bepinseln.

2 Mandel- und Leinsamenmehl mit Eiweiß- und Backpulver, ½ TL Salz und Rosmarin gut vermischen. Hefe in 3 EL warmem Wasser auflösen. Frischkäse in einer Schüssel mit einem Schneebesen cremig rühren. Eier cremig aufschlagen und nach und nach unter den Frischkäse rühren. Die aufgelöste Hefe und die Mehlmischung unterrühren. Emmentaler reiben und Mozzarella klein schneiden und mit einem Teigschaber untermischen.

3 Den Teigschaber dünn mit Öl bestreichen und den Teig damit auf dem Backpapier zu einem ca. 20 × 30 cm großen Rechteck verteilen. Mit einem Finger kleine Mulden in den Teig drücken. Backblech in den Ofen (Mitte) geben und die Focaccia in 20–25 Min. goldgelb backen. Auf einem Kuchenrost auskühlen lassen und vor dem Servieren in 8 Stücke teilen.

TIPP

Die Focaccia kann vor dem Backen auch noch mit Oliven, gerösteten Paprika, Pinienkernen oder anderen Zutaten nach Belieben belegt werden. In diesem Fall das Gebäck ein paar Minuten länger im Ofen lassen und im Auge behalten.

CHIA-QUARK-BRÖTCHEN

150 g Magerquark | 2 Eier | ½ Pck. Backpulver | Salz | 1 Prise frisch geriebene Muskatnuss | 60 g Flohsamen | 1 EL Chia-Samen | 1 EL geschrotete Leinsamen | 30 g Sesam | Sesam zum Bestreuen

Würzig und kross

Für 4 Stück | 15 Min. Zubereitung | 5 Min. Ruhen | 30 Min. Backen
Pro Stück ca. 145 kcal, 12 g E, 9 g F, 3 g KH

1 Den Backofen auf 180° vorheizen und ein Backblech mit Backpapier auslegen.

2 Den Quark mit Eiern, Backpulver, ½ TL Salz, Muskatnuss, Flohsamen, Chia-Samen, Leinsamen und Sesam in eine Schüssel geben. Mit den Knethaken des Handrührgeräts so lange kneten, bis ein gleichmäßiger Teig entstanden ist. Den Teig ca. 5 Min. ruhen lassen, damit die Floh- und Chia-Samen quellen können.

3 Aus dem Teig mit angefeuchteten Händen 4 kleine Brötchen formen und auf das Backblech legen. Brötchen mit etwas Sesam bestreuen und im Ofen (Mitte) ca. 30 Min. backen, bis die Oberfläche sich goldbraun färbt. Dann auf einem Küchengitter auskühlen lassen. Ganz wichtig: Während die Brötchen backen, den Ofen keinesfalls öffnen!

TIPP
Für mehr Würze Sesam vorher in einer Pfanne trocken anrösten und mit 2 EL geriebenem Cheddar unter den Teig rühren.

SCHOKO-QUARK-BRÖTCHEN

150 g Magerquark | 2 Eier | ½ Pck. Backpulver | 4 EL Flohsamen | 2 EL Mandelmehl | 1 EL Chia-Samen | 1 EL gemahlener Mohn | 25 g Zartbitter-schokolade (mind. 80 % Kakao)

Zum Frühstück

Für 4 Stück | 15 Min. Zubereitung | 5 Min. Ruhen | 30 Min. Backen
Pro Stück ca. 160 kcal, 14 g E, 10 g F, 3 g KH

1 Den Backofen auf 180° vorheizen und ein Back-blech mit Backpapier auslegen.

2 Den Quark mit Eiern, Backpulver, Flohsamen, Mandelmehl, Chia-Samen und Mohn in eine Schüs-sel geben. Mit den Knethaken des Handrührgeräts so lange kneten, bis ein gleichmäßiger Teig ent-standen ist. Den Teig ca. 5 Min. ruhen lassen, da-mit die Floh- und Chia-Samen quellen können.

3 Die Zartbitterschokolade grob hacken und unter den Teig kneten. Anschließend mit ange-feuchteten Händen aus dem Teig 4 kleine Brötchen formen und auf das Backblech legen.

4 Die Brötchen im Ofen (Mitte) ca. 30 Min. ba-cken, bis ihre Oberfläche sich goldbraun färbt. Dann auf einem Kuchengitter auskühlen lassen. Ganz wichtig: Während die Brötchen backen, den Ofen keinesfalls öffnen!

TIPP

Wenn Sie die Brötchen etwas süßer mögen, geben Sie zusätzlich noch 1 TL Birkenzucker mit in den Teig.

REGISTER

Damit Sie Rezepte mit bestimmten Zutaten noch schneller finden, sind in diesem Register auch beliebte Zutaten wie **Mandeln** oder **Zimt** alphabetisch eingeordnet und hervorgehoben. Darunter finden Sie das Rezept Ihrer Wahl.

Zitronen-Mohn-Cookies 39
Möhrengugel, kleine 34
Mohn
Mohn-Käsekuchen 21
Knäckebrot 52
Schoko-Quark-Brötchen 59
Zitronen-Mohn-Cookies 39
Mozzarella: Focaccia 56

N/O/P

Nussbrot 48
Nuss-Crunch 64
Orangen-Zimt-Muffins 31
Pfirsich: Chia-Pfirsichtarte mit
Streuseln 24
Pflaumen-Mandelkuchen 14
Pinienkern-Kokos-Pralinen 44

Q

Quark
Erdbeer-Cheesecake 18
Chia-Quark-Brötchen 58
Himbeer-Käseküchlein 20
Mohn-Käsekuchen 21
Schoko-Quark-Brötchen 59

S

Saaten-Crunch 64
Schokolade
Brownies 42
Double Chocolate Cake 10
Marmorierter Gugelhupf 22
Pinienkern-Kokos-Pralinen 44
Schoko-Brombeertorte 12

Schoko-Crunch 64
Schoko-Kaffee-Cupcakes 32
Schoko-Quark-Brötchen 59
Sesam
Chia-Quark-Brötchen 58
Knäckebrot 52
Mandel-Zucchini-Cracker 54
Saaten-Crunch 64
Superfood-Brot 50
Sonnenblumenkerne
Knäckebrot 52
Mandel-Zucchini-Cracker 54
Superfood-Brot 50
Superfood-Brot 50

T

Thymian
Mandel-Zucchini-Cracker 54
Knäckebrot 52
Tomaten: Mandel-Zucchini-
Cracker 54

V

Vanille
Blondies 43
Brownies 42
Chia-Pfirsichtarte mit
Streuseln 24
Erdbeer-Cheesecake 18
Haselnuss-Baisertorte 26
Heidelbeer-Muffins 30
Himbeer-Käseküchlein 20
Kleine Möhrengugel 34
Mohn-Käsekuchen 21

Pflaumen-Mandelkuchen 14
Schoko-Brombeertorte 12
Walnuss-Bananen-
Pancakes 36

W

Walnusskerne
Kleine Möhrengugel 34
Nussbrot 48
Nuss-Crunch 64
Walnuss-Bananen-
Pancakes 36

Z

Zimt
Chia-Pfirsichtarte mit
Streuseln 24
Kleine Möhrengugel 34
Nuss-Crunch 64
Orangen-Zimt-Muffins 31
Pflaumen-Mandelkuchen 14
Schoko-Brombeertorte 12
Walnuss-Bananen-
Pancakes 36
Zitronen-Mohn-Cookies 39
Zitronenkuchen mit
Lavendel 16
Zucchini: Mandel-Zucchini-
Cracker 54

© 2017 GRÄFE UND UNZER VERLAG GmbH, München
Alle Rechte vorbehalten. Nachdruck, auch auszugsweise, sowie die Verbreitung durch Film, Funk, Fernsehen und Internet, durch fotomechanische Wiedergabe, Tonträger und Datenverarbeitungssysteme jeglicher Art nur mit schriftlicher Genehmigung des Verlages.

Projektleitung: Jessica Kleppel
Lektorat: Janette Schroeder
Korrektorat: Christin Geweke
Innen- und Umschlaggestaltung: independent Medien-Design, Horst Moser, München
Illustrationen: Maria Baus
Herstellung: Renate Hutt
Satz: Kösel, Krugzell
Reproduktion: medienprinzen GmbH, München
Druck und Bindung: Schreckhase, Spangenberg
Syndication: www.seasons.agency
Printed in Germany

1. Auflage 2017
ISBN 978-3-8338-5942-7

 www.facebook.com/gu.verlag

GRÄFE UND UNZER

Ein Unternehmen der
GANSKE VERLAGSGRUPPE

Die Autoren

Stefanie Nickel ist Ernährungswissenschaftlerin und hat lange Zeit für bekannte Zeitschriften geschrieben. Jetzt arbeitet sie freiberuflich als Rezeptentwicklerin und Foodstylistin.
Anna Walz ist ausgebildete Konditorin, machte sich aber vor einigen Jahren als freie Foodstylistin und Rezeptentwicklerin selbstständig. Mit ihrem Back- und Ernährungswissen haben die beiden Rezepte für köstliche Low-Carb-Leckereien gezaubert.

Die Fotografin

Vivi D'Angelo hegt eine Leidenschaft für gutes Essen und hat ein Händchen dafür, jede Leckerei im besten Licht zu präsentieren. Zusammen mit **Sandra Luz** (Foodstyling) verwandelte sie ihr Fotostudio in eine herrlich duftende Low-Carb-Bäckerei.

Bildnachweis

Autorenfotos: privat;
Titelfoto und alle anderen Fotos:
Vivi D'Angelo

Titelrezept

Schoko-Brombeertorte (S. 12)

Umwelthinweis:

Dieses Buch ist auf PEFC-zertifiziertem Papier aus nachhaltiger Waldwirtschaft gedruckt.

QUALITÄTS
G|U
GARANTIE

Liebe Leserin, lieber Leser,

haben wir Ihre Erwartungen erfüllt? Sind Sie mit diesem Buch zufrieden? Haben Sie weitere Fragen zu diesem Thema? Wir freuen uns auf Ihre Rückmeldung, auf Lob, Kritik und Anregungen, damit wir für Sie immer besser werden können.

GRÄFE UND UNZER Verlag
Leserservice
Postfach 86 03 13
81630 München
E-Mail:
leserservice@graefe-und-unzer.de

Telefon: 00800 / 72 37 33 33*
Telefax: 00800 / 50 12 05 44*
Mo–Do: 9.00 – 17.00 Uhr
Fr: 9.00 – 16.00 Uhr
(* gebührenfrei in D, A, CH)

Ihr GRÄFE UND UNZER Verlag
Der erste Ratgeberverlag – seit 1722.

Backofenhinweis:

Die Backzeiten können je nach Herd variieren. Die Temperaturangaben in unseren Rezepten beziehen sich auf das Backen im Elektroherd mit Ober- und Unterhitze und können bei Gasherden oder Backen mit Umluft abweichen. Details entnehmen Sie bitte Ihrer Gebrauchsanweisung.

Appetit auf mehr?

KNUSPER, KNUSPER, KNÄUSCHEN

Es ist immer gut, ein wenig Crunch im Schrank zu haben. Als Topping fürs Müsli oder zum Knabbern für zwischendurch stillen die Mischungen die Lust auf Süßes.

NUSS-CRUNCH

Für ca. 350 g: Backofen auf 180° vorheizen. 30 g Kokosöl mit 70 g Apfelmark und 20 g Kokosblütenzucker schmelzen. 90 g Cashew- und 80 g Walnusskerne grob hacken. Alle Zutaten mit 20 g geschrotetem Leinsamen, 50 g Pinienkernen, 1 Prise gemahlenen Nelken und 1 TL Zimtpulver mischen. Auf einem mit Backpapier ausgelegten Backblech gleichmäßig verteilen und 15 Min. backen. Nach der Hälfte der Zeit umrühren. Mischung vollständig abkühlen lassen und luftdicht verpackt aufbewahren. Der Nuss-Crunch hält sich mindestens 1 Woche.

SCHOKO-CRUNCH

Für ca. 400 g: Backofen auf 180° vorheizen. 60 g Kokosöl mit 20 g Kakaopulver und 30 g Kokosblütenzucker schmelzen. Anschließend 140 g ungeschälte Mandeln grob hacken und alle Zutaten mit 160 g Sojaflocken, 20 g Kokosraspeln und 2 EL Chia-Samen gut verrühren. Auf einem mit Backpapier ausgelegten Blech gleichmäßig verteilen und 15 Min. backen. Nach der Hälfte der Zeit umrühren. Mischung vollständig abkühlen lassen und luftdicht verpackt aufbewahren. Der Schoko-Crunch hält sich mindestens 2 Wochen.

SAATEN-CRUNCH

Für ca. 350 g: Backofen auf 180° vorheizen. 30 g Kokosöl mit 50 g Erdnussmus und 15 g Kokosblütenzucker schmelzen. Anschließend 100 g Pekannüsse grob hacken und alle Zutaten mit 30 g Sesam, 50 g Kürbiskernen und 80 g Sojaflocken gut vermischen. Auf einem mit Backpapier ausgelegten Backblech gleichmäßig verteilen und 15 Min. backen. Nach der Hälfte der Zeit umrühren. Mischung vollständig abkühlen lassen und luftdicht verpackt aufbewahren. Der Pekannuss-Saaten-Chrunch hält sich mindestens 1 Woche.